SCHIRMER'S LIBRARY
OF MUSICAL CLASSICS

CARL CZERNY

Op. 299

The School of Velocity

For the Piano

Revised and Fingered by

MAX VOGRICH

Book I — Library Vol. 162

Book II — Library Vol. 163

Book III — Library Vol. 164

Book IV — Library Vol. 165

➤ Complete — Library Vol. 161

G. SCHIRMER, Inc.

DISTRIBUTED BY

HAL•LEONARD®
CORPORATION

7777 W. BLUEMOUND RD. P.O. BOX 13819 MILWAUKEE, WI 53213

Die Schule der Geläufigkeit.
(School of Velocity.)

Revised and fingered by
MAX VOGRICH.

C.CZERNY. Op.299, Book 1.

Presto.(♩ = 108)

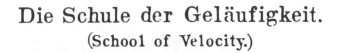

1.

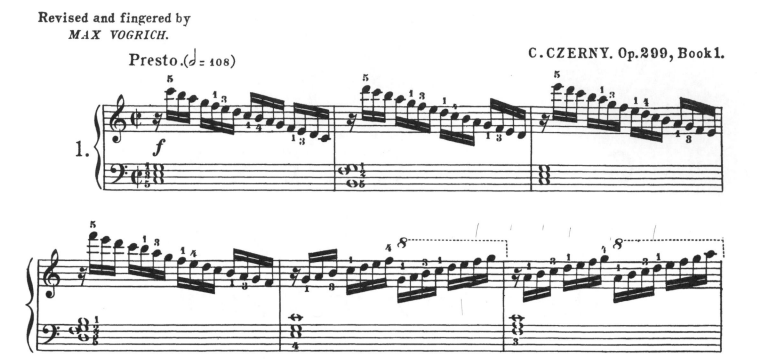

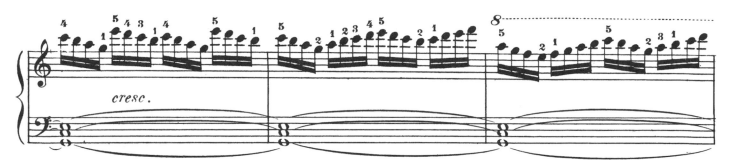

Molto Allegro. ($\textdot{} = 104$)

2.

4

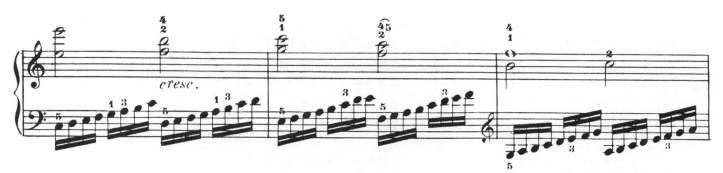

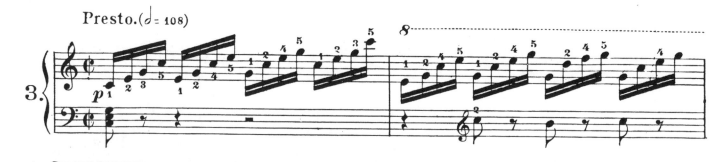

Presto. ($\bullet$ = 108)

3.

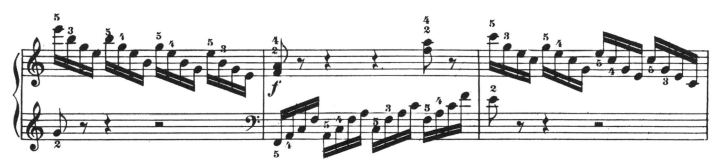

Presto. ($\dot{\textbf{J}}$. = 80)

4.

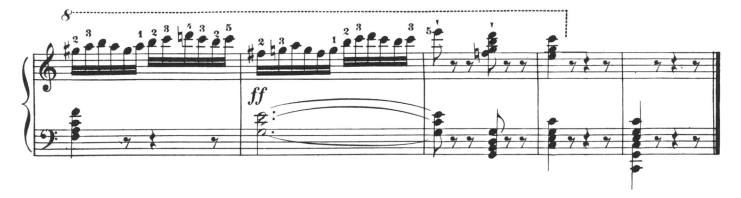

Molto Allegro. ($\.=$ 104)

6.

p leggiermente non legato.

cresc.

dimin.

p

cresc.

Molto Allegro. ($\textit{d} = 104$)

7.

p leggiermente non legato.

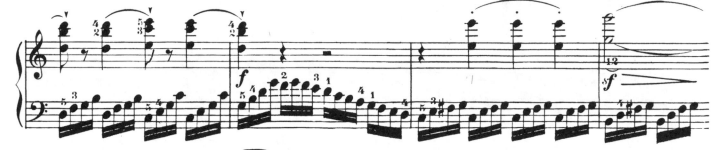

pp *dolce.*

Molto Allegro. ($\textit{d}$=104)

8.

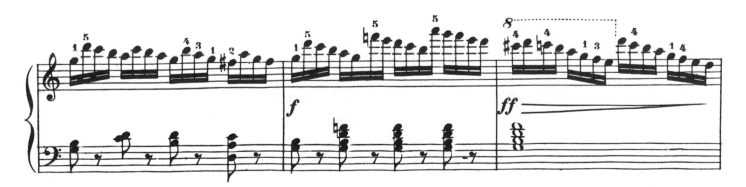

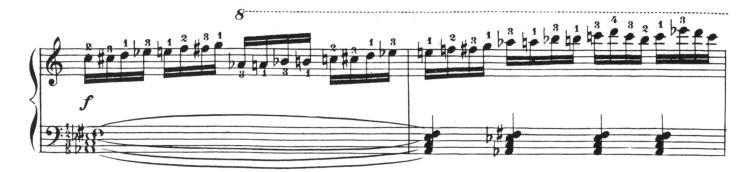

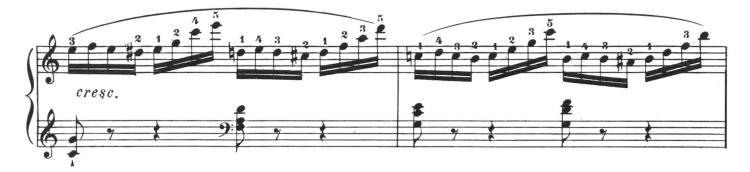

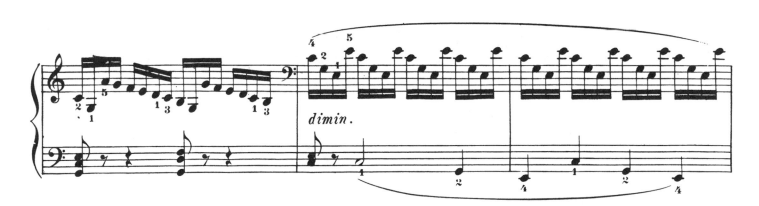

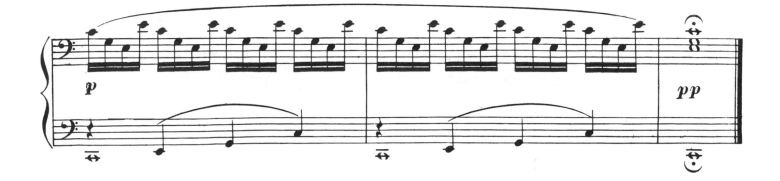

Molto Allegro. (♩=108)

9.

p sempre leggiero.

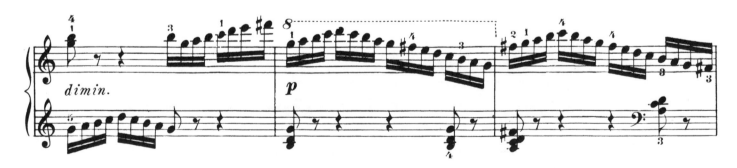

Die Schule der Geläufigkeit.
(School of Velocity.)

Revised and fingered by
MAX VOGRICH.

C. CZERNY. Op. 299, Book 2.

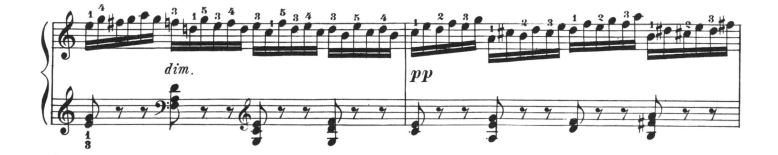

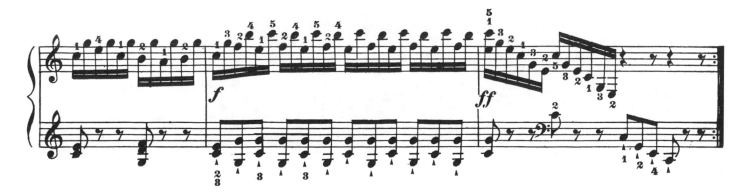

Molto Allegro. ($\bullet$ = 92)

12.

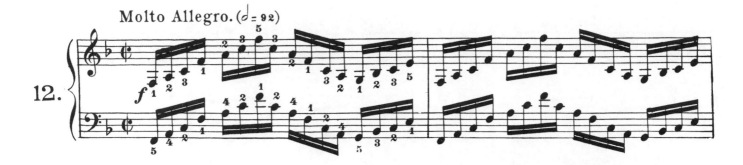

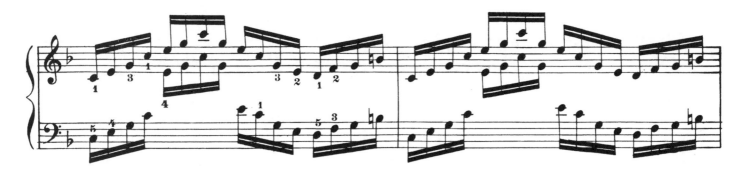

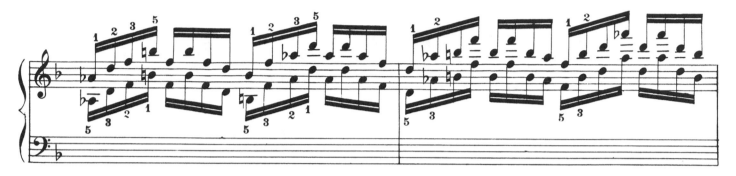

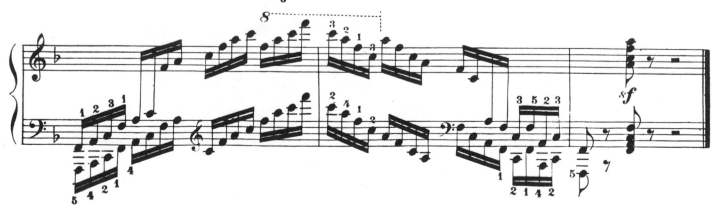

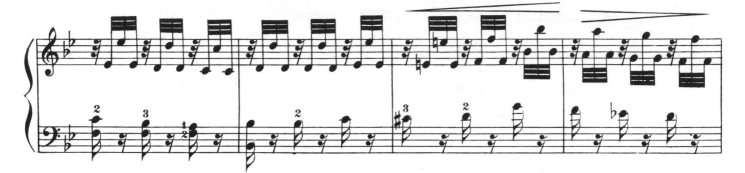

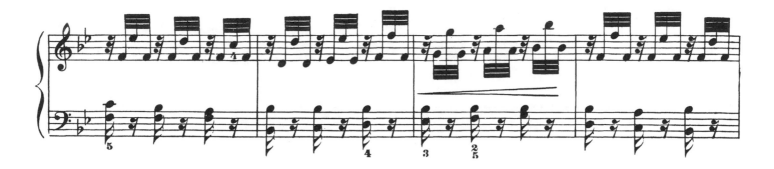

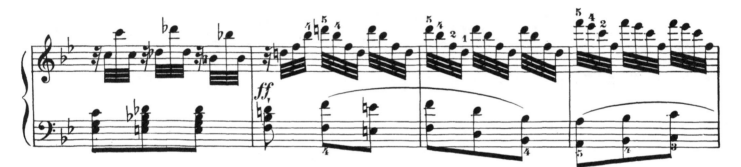

Molto vivo e velocissimo. ($\bullet$ = 116)

14.

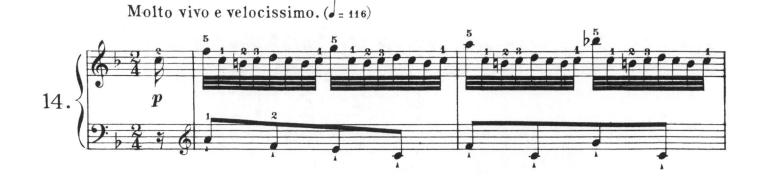

Presto.($\bullet$=92)

16.

Molto Allegro. ($\quad = 96$)

17.

Molto Allegro. (♩ = 120)

18.

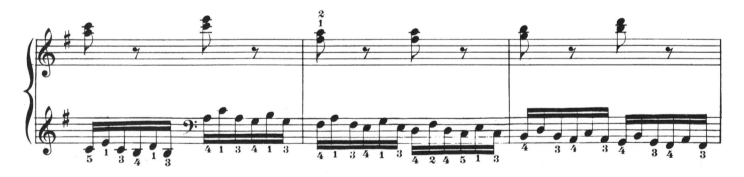

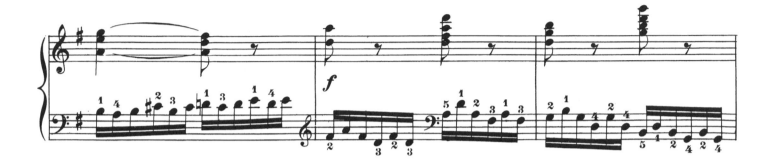

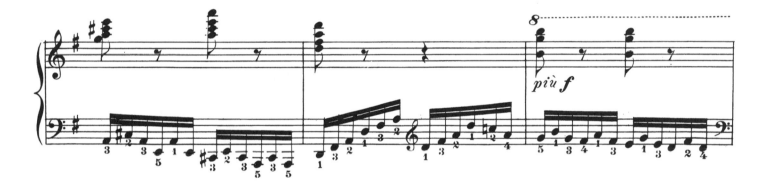

Presto. (= 100)

19.

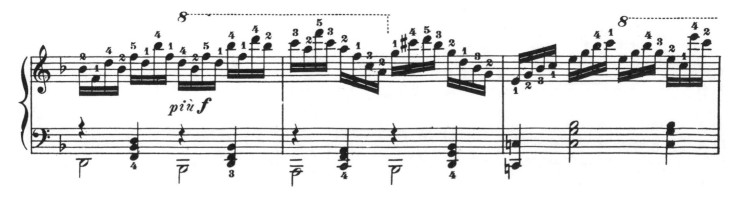

Molto vivace. ($\dot{\downarrow}$ = 63)

20.

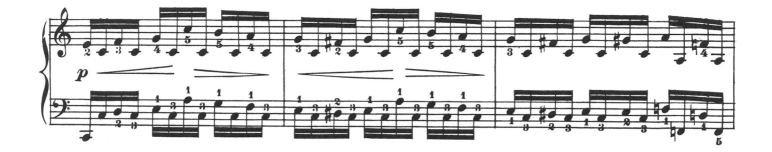

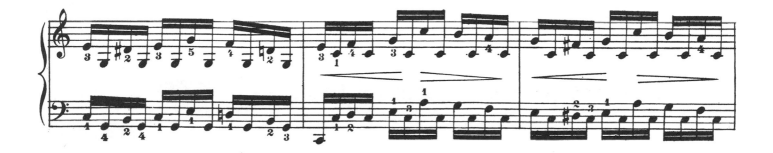

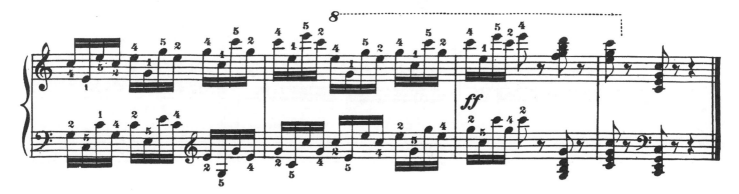

Die Schule der Geläufigkeit.
(School of Velocity.)

Revised and fingered by
MAX VOGRICH.

C. CZERNY, Op. 299. Book 3.

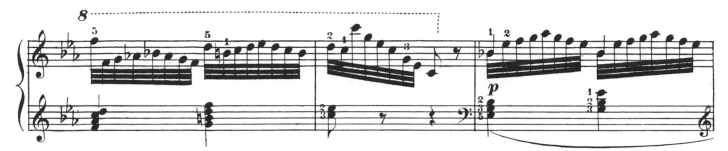

Molto Allegro ($\textbf{d} = 96$)

sempre simile.

22.

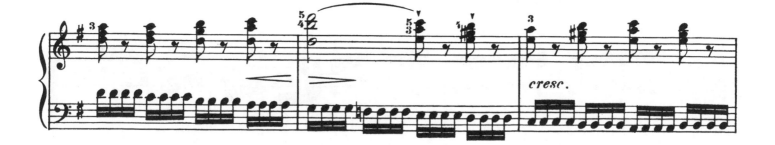

Molto Allegro. ($\dot{\downarrow}$.=63)

23.

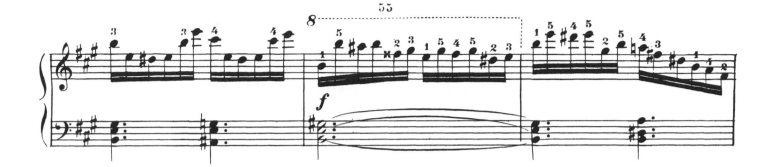

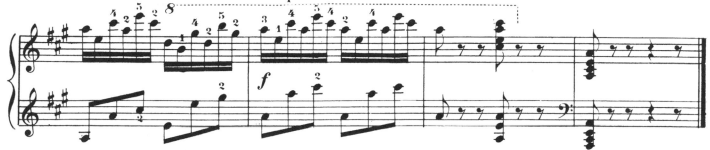

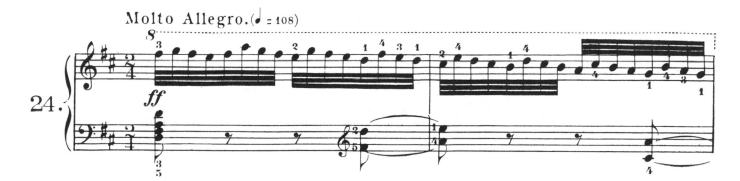

Molto Allegro. (♩ = 108)

24.

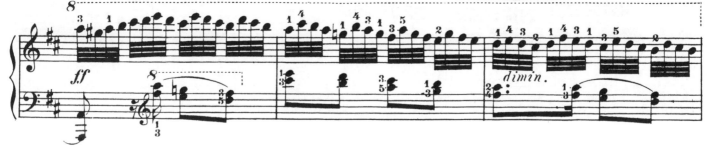

60

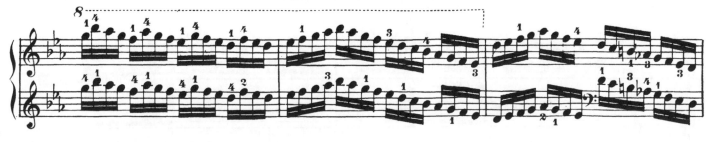

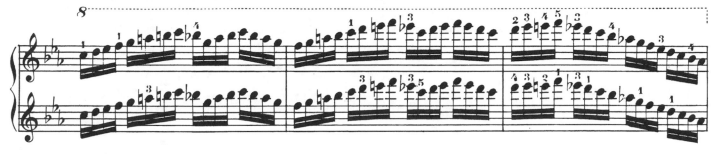

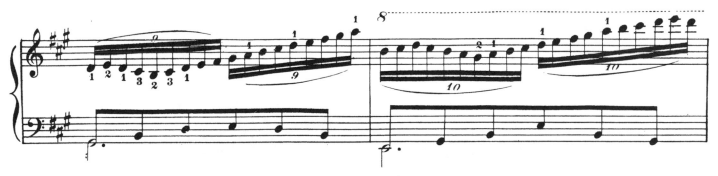

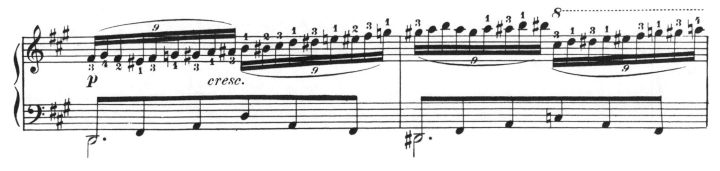

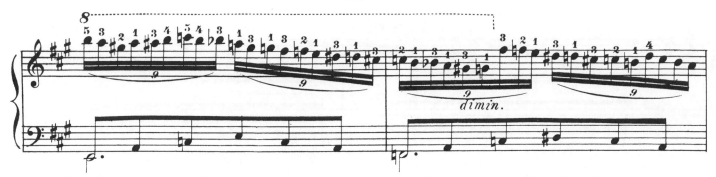

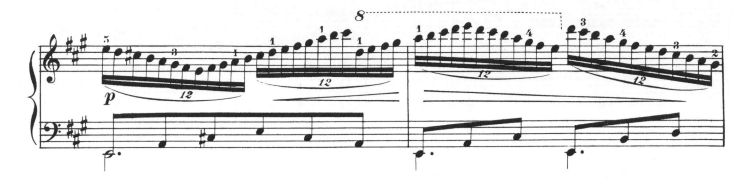

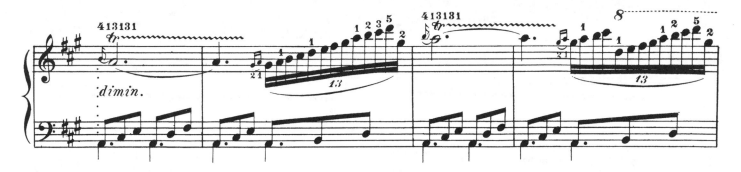

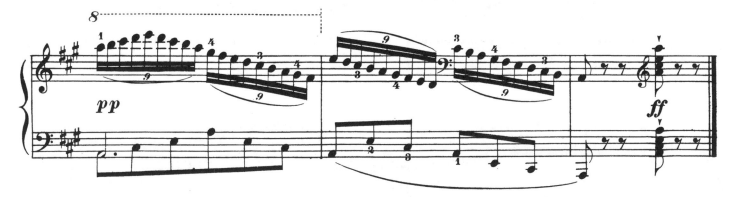

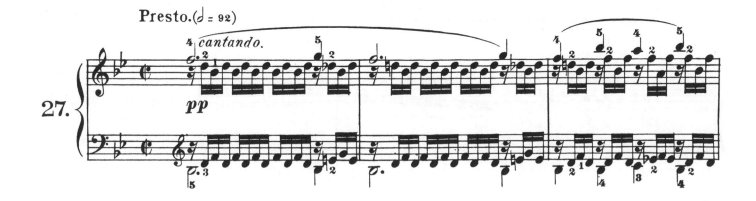

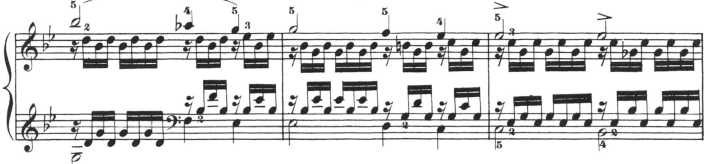

sempre simile.

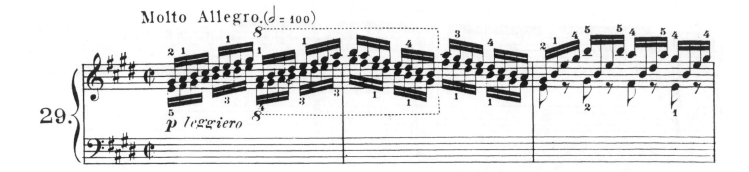

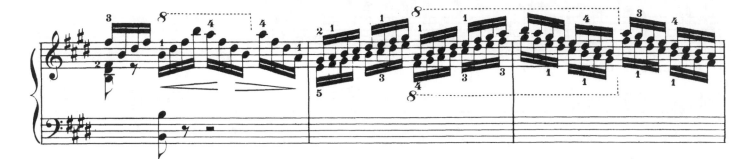

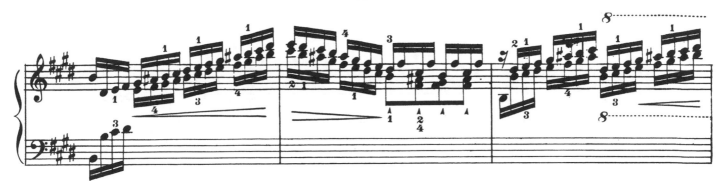

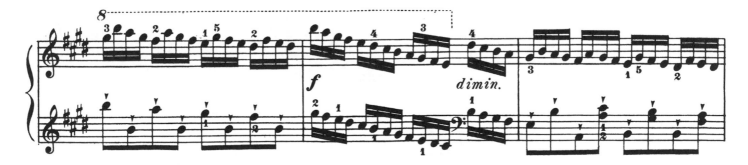

Presto volante. ($\boldsymbol{.}$ = 69)

30.

Die Schule der Geläufigkeit.
(School of Velocity.)

Revised and fingered by
MAX VOGRICH.

CARL CZERNY. Op.299, Book 4.

31.

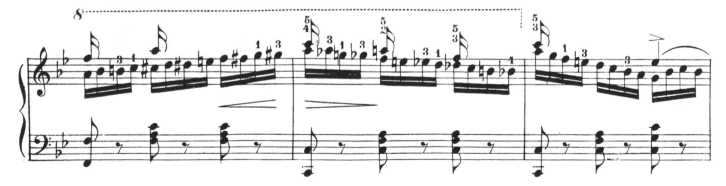

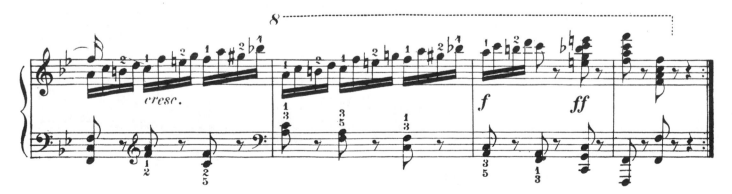

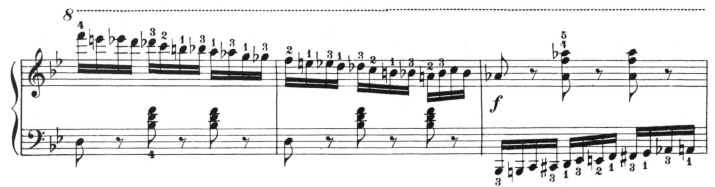

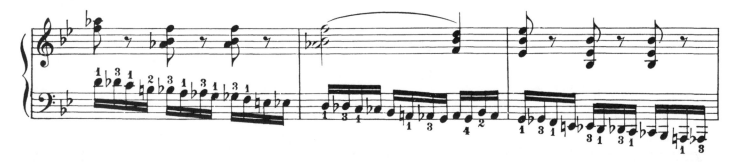

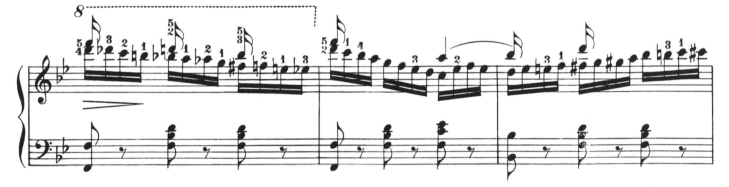

Presto volante. ($\textit{d}$ = 100.)

32.

f

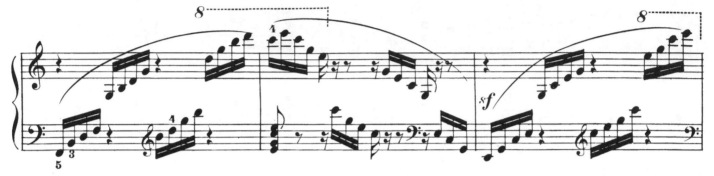

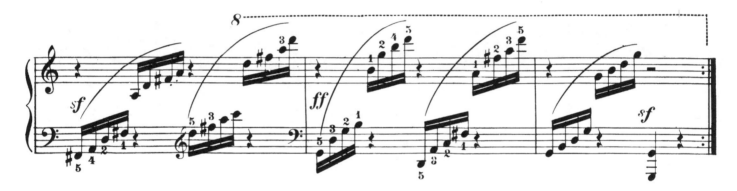

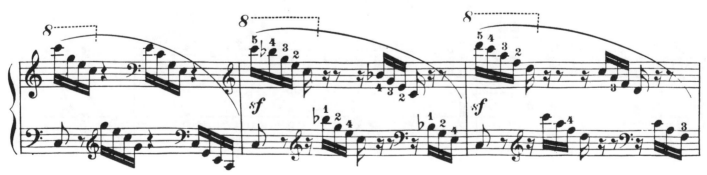

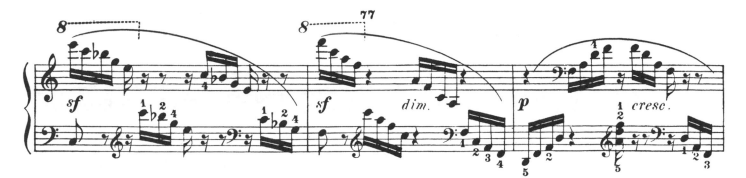

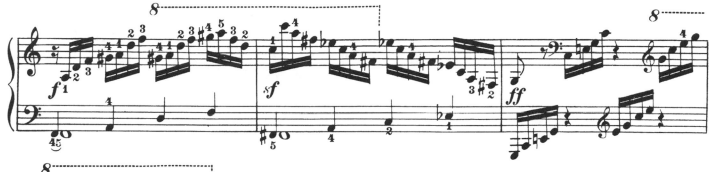

Molto Allegro e veloce. (♩ = 138.)

33.

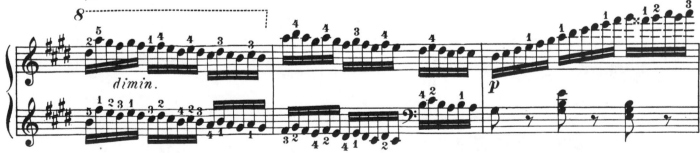

Allegro molto vivo ed energico. ($\quad$= 88.)

34.

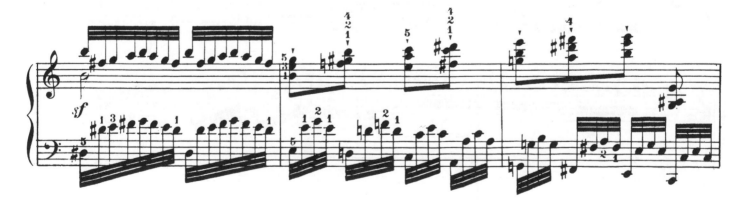

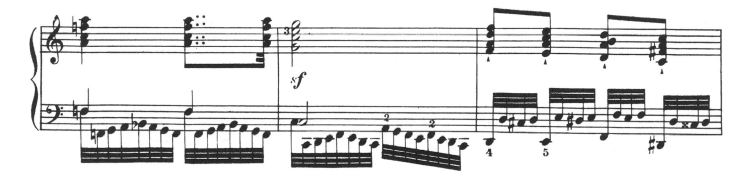

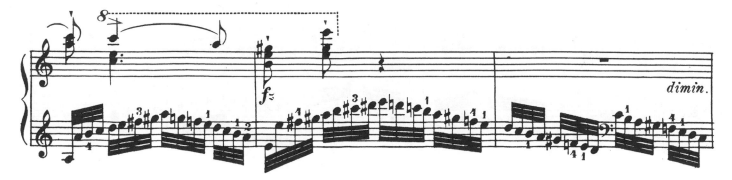

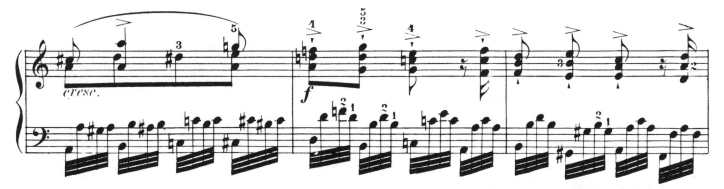

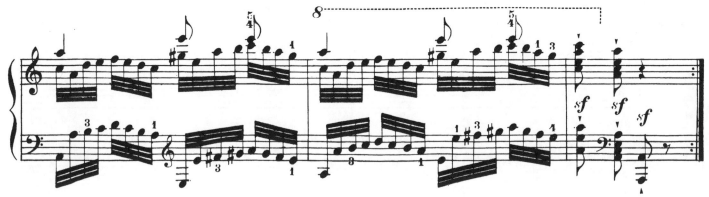

Allegro vivacissimo. (♩. = 108.)

35.

Presto.($\dot{}$ = 88.)

36.

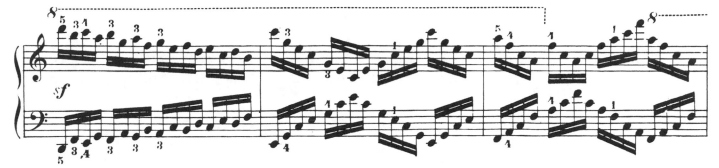

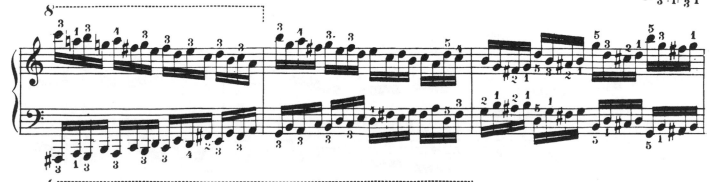

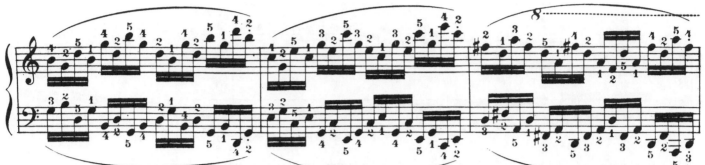

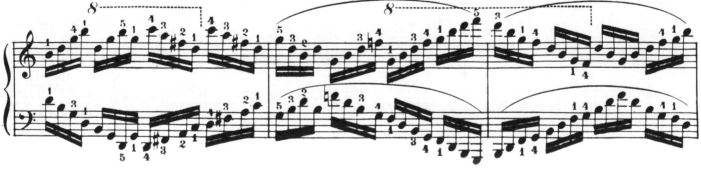

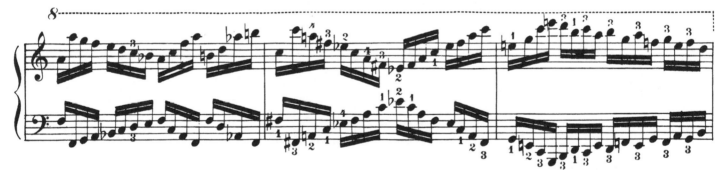

Molto Allegro e giocoso. ($\quad$ = 96.)

37.

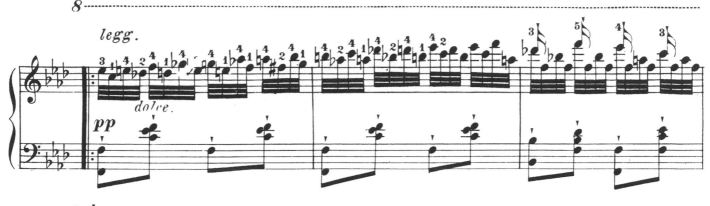

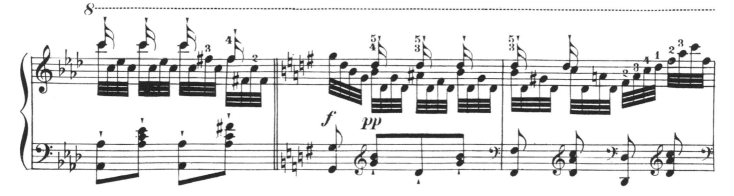

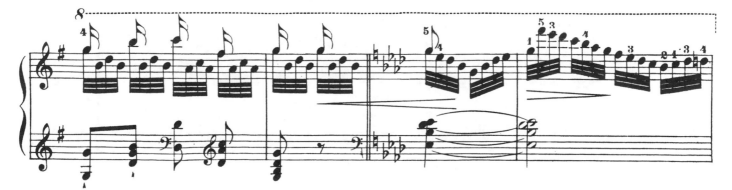

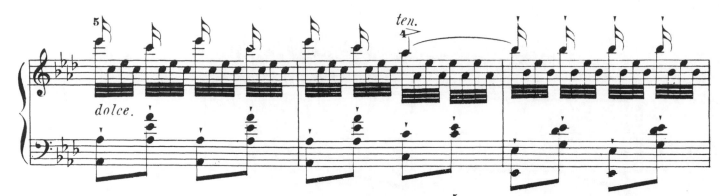

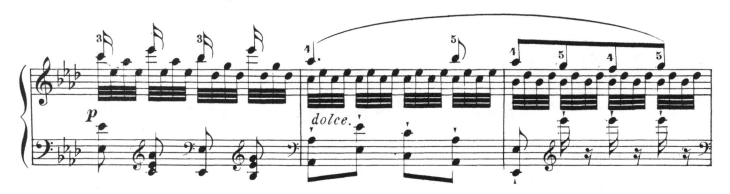

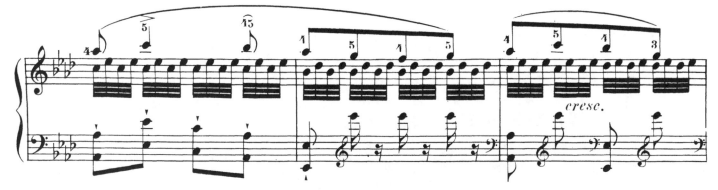

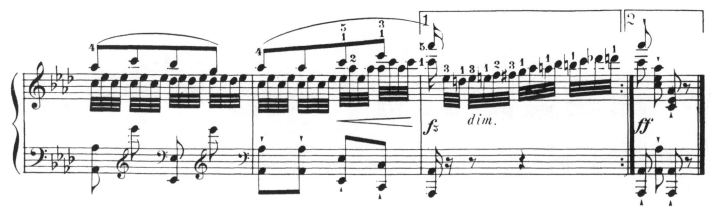

Molto Allegro, quasi presto. (♩ = 84.)

38.

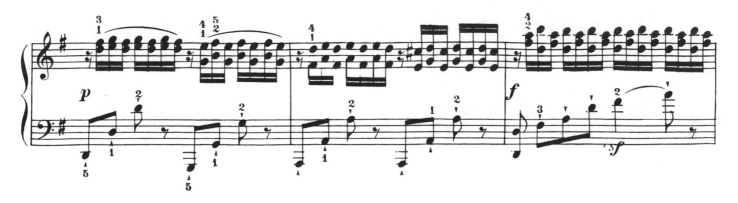

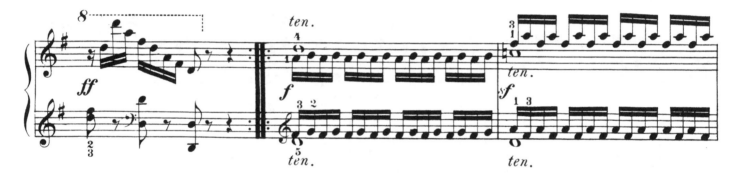

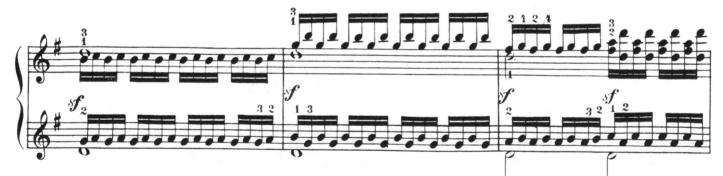

Presto. (à la Galopade.)(♩ = 104.)

39.

Allegrissimo, quasi presto. ($\downarrow$ =120)

40.

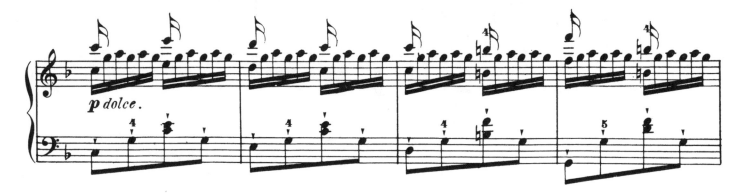

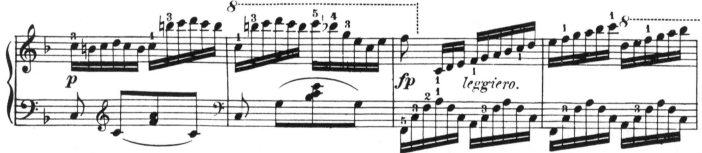

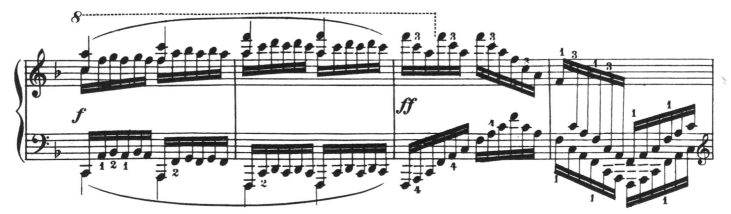

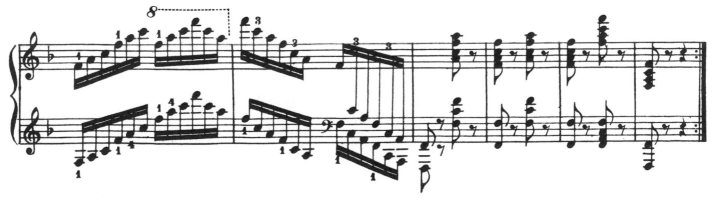